W0290585

Christiane Schlüssel · Katrin Pieper

Schöngesicht & Rittersporn

Alte Pflanzen –
neu gesehen

BuchVerlag
für die Frau

Inhalt

Alte Pflanzen – neu gesehen

Von alten Pflanzen – viele von ihnen kennen wir noch aus Großmutters Garten – wollen wir erzählen, ihrer Herkunft, den Wegen, die sie genommen haben bis in unsere Tage. Selten sind wir uns ihres Alters bewusst, wenn wir sie in ihrer schönsten Blüte bewundern und genießen, sie Jahr um Jahr in unser Leben integrieren.

Wir leben mit ihnen, suchen nach immer neuen Farben und Formen, doch wer denkt da an die gewaltigen Zeiträume, in denen sie schon die Erde bewohnten, entdeckt, zuweilen vergessen wurden und doch wieder ihren Platz fanden.

Gartenflüchtlinge, die erneut zu Ehren kamen, sind so selten nicht, wir fragen nur nicht mehr danach. Die Obhut der Menschen hat ihnen nicht nur Erhalt und Namen gegeben, sondern im Verlauf der Zeit auch Vielgestaltigkeit und Nutzen erkennbar werden lassen.

Das Buch erhebt keinen Anspruch auf lexikalisch geordnete Information. Eher will es den Leser unterhalten, indem es aus dem „Leben der Pflanzen“ erzählt, was zuweilen überraschend, ja sogar beeindruckend sein kann und schließlich auch mit neuen Erkenntnissen aufwarten mag.

Die Blütenbilder, wie sie das Buch versammelt, folgen einmal der schönen biologischen Pflanzengestalt, doch lassen sie darüber hinaus im freien phantasievollen Spiel die Blüten- und Blätterwelt der Pflanzen auf ganz eigene Weise entstehen. Das erhöht ihre Zauber- und Anziehungskraft.

Zu wünschen wäre auch, dass dieses Buch dazu beiträgt, Zuwendung und Aufmerksamkeit für die Pflanzen zu mehren, unsere Sinne zu schärfen für ihre Schönheit und unser Verantwortungsbewusstsein für ihren Erhalt.

… ein gewaltig tödlich gifft

Eisenhut
Aconitum napellus

Auch: Wolfswurz, Venuswagen, Ziegentod, Sturmhut, Mönchsklappe, Kutscherpferdchen

Arktische Gattung, Pflanzenwanderung mit der Eiszeit. Von Sibirien nach Europa, Asien und Amerika im Tertiär kommend.

Giftigste Pflanze Europas.

Schon Plinius d. Ä. (23/24 n. Chr.) kannte die tödliche Wirkung der Pflanze, bezeichnete sie als „vegetabilisches arsenik“, was jedoch ihre Beliebtheit als Gartenpflanze damals wie heute nicht minderte.

1539 rühmt Hieronymus Bock das „blaw eisenhütlein seiner schöne und wohlgestalt“ wegen, aber erst 200 Jahre später schmückt es die deutschen Gärten.

Als Herakles den dreiköpfigen schlangenbedeckten Höllenhund Zerberus aus dem Hades herausholte, entspross seinem Geifer der Eisenhut. So berichtet eine griechische Sage.

Weltweit sorgt das Gift der Pflanze für Morde. Der berühmteste wurde 54 n. Chr. mit Aconitum an Kaiser Claudius verübt. Im Himalaya tauchten die Frauen die Kleider ungeliebter Ehemänner in den gekochten Wurzelsud der Pflanze und hießen sie das getrocknete Kleidungsstück wieder anzuziehen. Das Gift wirkte binnen weniger Stunden.

Geliebter Streber

Pfeifenwinde
Aristolochia macrophylla

Auch: Osterluzei

Ende des 18. Jahrhunderts kam die Pflanze nach Deutschland.

John Bertram, ein Quäker, aber auch Farmer und Botaniker, entdeckte die im nordamerikanischen Appalachen-Gebirge heimische holzige Schlingpflanze und sandte deren Samen nach England an einen Gärtner, der die Pflanze erfolgreich verbreitete.

Allein in den Tropen lassen sich etwa 450 Arten dieser Pflanze finden.

Von Mai bis tief in den November hält sie ihre schönen dachziegelartig gelegten Blätter frisch. Die pfeifenartig gebogenen Blüten haben ihr den Namen gegeben. Leistet man ihr ein wenig Hilfe, erobert sie alles Vertikale und ist der ideale Laubenerbauer.

In der Laube, in der Laube
dass er ihr das Herz auch raube,
hoffte sie – doch weit gefehlt,
es ging ihm leider nur ums Geld.

Geheime Liebe oder Schlotterhose?

Akelei
Aquilegia caerulea

Hildegard von Bingen erwähnt die „Acheleia (auch Agleia) erstmalig in ihrem Werk „Physica“ (1150-1158) und schätzt deren Heilkraft.

Auch: Elfen- oder Frauenschuh, Venuswagen, Columbine (engl.), Schlotterhose (österr.), Geheime Liebe (ital.) u. a.

Mit Beginn des 15. Jahrhunderts bevorzugen die Maler die Blüte als künstlerisches Motiv und die christliche Symbolsprache erblickt in ihr das Zeichen der Mutter Gottes. Im 19. Jahrhundert wird sie zu einer „unmodernen Pflanze“, die dennoch in Europa von großem Artenreichtum ist und uns bis heute erfreut. Im berühmten südenglischen Sissinghurst, dem Garten von Vita Sackville-West, findet man sie in unzähligen Form- und Farbvarianten.

Wer die Blumensprache erlernt hat,
kann die Akelei wispern hören:
„Ein junger und kühner Mann ist
mir lieber als ein feiger und reicher."

Griechischer Baldrian für Jungfrauen und Weiber

Blaue Himmelsleiter
Polemonium caeruleum

Auch: Jakobsleiter, Sperrkraut, Gretl im Hemd

1561 wird die Pflanze erstmalig in Deutschland erwähnt. Obwohl zunächst unbekannt und namenlos, findet sie rasch Verbreitung.

Ihre lavendelblauen Blütenrispen wurden zunächst für Baldrian gehalten. Erst gegen Ende des 17. Jahrhunderts wurde der Name festgeschrieben und bezieht sich dabei auf ihre leiterförmig angeordneten, ungleichen Fiederblätter.

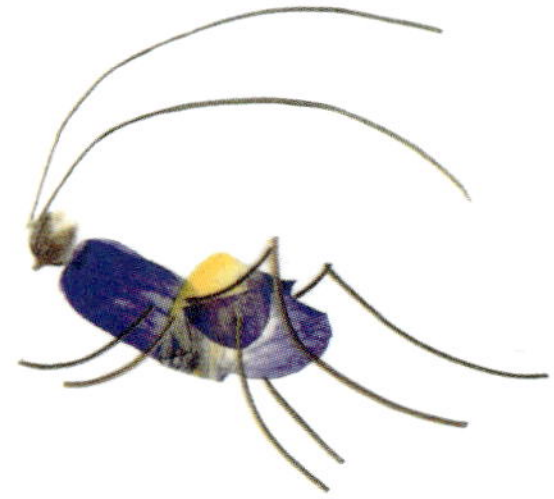

Der Traum Jakobs von der Himmelsleiter

„Da träumte er, dass eine Leiter war gestellt auf die Erde und die Spitze reichte an den Himmel, und Engel Gottes stiegen auf und ab an ihr (...) Und da stand der Herr bei ihm und sprach: ... Siehe, ich will mit dir sein und werde dich behüten, wohin du auch immer gehst und dich zurückführen in dieses Land ...“ (1. Buch Moses, 28)

Ein echter Nasenschmeichler

Duftveilchen
Viola odorata

Auch: Frühlingsveilchen, Österchen, Liebesahnung (arab.)

Der zarte Frühlingsbote schmeichelte schon 400 v. Chr. den menschlichen Nasen.

Er kam übers Mittelmeer nach Europa und wurde bald in den Gärten heimisch.

Herrscher und Persönlichkeiten der Antike schmückte das Veilchen und gab den Gewändern seine Farbe. Veilchen mit Ziegenmilch gemischt galt als unübertreffliche Schönheitsrezeptur. Kaiser Nero bevorzugte Gletschereis, versetzt mit Ingwer, Veilchen, Koriander, Zimt, Rosenwasser und Fruchtsäften. Ein Stafettenläufer, der mit geschmolzenem Eis aus den Alpen kam, war ein toter Mann. Mohamed liebte Veilchen-Scherbet (Sorbet). Churchill trug Veilchen, um Bescheidenheit zu demonstrieren.

Still für sich,
und doch für mich,
blüht das kleine Veilchen.
Bringt mir Freud
im Winterleid
für ein ganzes Weilchen.
(Rainer Maria Rilke)

Abschied in Liebe bringt zärtliche Erinnerung

Vergissmeinnicht
***Myosotis scorpioides* – Sumpfvergissmeinnicht**

In den meisten Sprachen unserer Welt hat die zarte Blume die selbe Liebesbedeutung: Bleib mir treu, vergiss mich nicht!

Etwa 50 verschiedene Arten sind weltweit bekannt, 41 davon kennt man in Europa.

Abbildungen aus dem 16. Jahrhundert lassen das Sumpfvergissmeinnicht erkennen. Als Zierpflanze nahm das Vergissmeinnicht etwa um 1830 seinen Weg nach Deutschland und England. Das heutige Gartenvergissmeinnicht hat seinen Ursprung im Waldvergissmeinnicht und wird noch 1791 als eigene Art beschrieben.

Den Goldschatz zu finden, machte sich der Jüngling auf den Weg. „Folge dem Vergissmeinnicht", riet die Liebste, „ so findest du das Gold. Auf dem Rückweg aber lass' keine der Blüten verdorren. Bring mir den Strauß. Er ist ein Liebesversprechen."

Der Jüngling folgte der blauen Blütenspur und war bald schon am Ziel seiner Wünsche. Doch das Gold verwirrte ihm die Sinne. Soviel er zu tragen vermochte, nahm er an sich und vergaß darüber all die blauen Wegweiser. Das Gold blieb bei ihm, nie aber lernte er die Liebe kennen. Er wurde ein reicher, doch unglücklicher, einsamer Mann.

Farbenfroher Stinker aus Amerika

Studentenblume
Tagetes patula

Auch: Samtblume, Studentenfurz

Die im Südwesten der USA, Mexiko und Argentinien heimische Pflanze wird in Deutschland erstmalig 1539 von Hieronymus Bock im „New Kreutterbuch" erwähnt und erfährt bald eine rasche Verbreitung als Schmuckblume. „Studentenblume" heißt sie seit 1654. Den Namen verlieh ihr der Arzt und Botaniker Thomas Pancovius und bezog sich damit auf die bunten Mützen der damaligen Studenten.

Doch die Studentenblume kann mehr als nur durch ihr Farbspiel zu euen: Als Nutzpflanze ergibt sie Öl, das in der Parfümindustrie eingesetzt wird, sie ist ein wirksamer Nematodenschutz und als Gründüngung brauchbar.

Tages, der etruskische Halbgott, war der lateinische Namensgeber.

Aus einer blühenden Ackerfurche geboren, nannte er sich Enkel des Jupiter, lehrte die Etrusker die magischen Wissenschaften und wurde berühmt durch seine Sehergabe.

Die Häutlein so weiß, als scheine der Mond oder das Silber

Silberling
Lunaria annua

Auch: Mondviole, Judassilberling, Judasgroschen, Mondveilchen

Von Südosten kommend ist der Silberling seit dem Mittelalter bekannt und gegen Ende des 16. Jahrhunderts in Deutschlands Ziergärten gern gesehen.

Der lateinische Name der Pflanze leitet sich von ihrer Samenbildung ab. Nach dem Verstreuen des Samens bleiben die silberhäutigen Scheidewände erhalten und werden gern in Trockensträußen verwendet.

Silberling

Den Silbermond vom Himmel holen,
Ihn in Blumenbeeten pflegen?
So tu es doch, die Mondviolen
Kommen deinem Traum entgegen.

Das Kreuz der Blüte flacht zur Scheibe,
Nachtmond strahlt durch zarte Seide.
Das Fruchtgold fahlt nach kurzer Blüte,
Strahl in Silberaugenweide.

Lunaria, ein stolzer Name
Für der Spiegelelfen Horte.
Im Mondrund reift der neue Same,
Staunen wir, genug der Worte.
(Ingo Baumgartner)

Kokettes Schleifenband von höchster Bedeutung

Kokardenblume
Gaillardia aristata

Auch: Malerblume, Kobold, Sonnenfeuer, Papageienblume

1780 von Louisiana nach Frankreich gekommen, wird sie 1822 erstmalig in Deutschland erwähnt und hält Mitte des 19. Jahrhunderts Einzug in die deutschen Gärten.

Züchtungen haben ihr eine reiche Farbskala beschert, die zu den gelben und gelb-roten auch rotbraune und tiefrote Blüten erbracht hat.

„… bereits in den ersten Tagen nach der Erstürmung der Bastille konnte man anhand von Accessoires, wie zum Beispiel der phrygischen Mütze oder der Kokarde, die Stellungnahme gegenüber der französischen Revolution sehr eindeutig herauslesen.

Man glaubte sich von Grund auf geputzt, wenn man die Nationalkokarde am Huthe, vor der Brust, oder am Bonnet trägt …“ (Journal des Luxus und der Moden vom 30.08.1789)

Blume der Morgenröte

Eisenkraut
Verbena-Hybriden

Auch: Druidenkraut, Teufelswurz, Eisenhart, Träne der Iris u. a.

Die Pflanze in ihrer Urform gehört zu den sogenannten „Alteinwanderern". Sie ist nachweisbar bis in die Jungsteinzeit in der Nähe menschlicher Behausungen.

Die Hybride kam aus Amerika nach Europa. Um 1832 kennt man in Deutschland etwa 12 verschiedene Arten des Eisenkrauts. Gezielte Züchtungen begannen Mitte des 19. Jahrhunderts und mehrten Farben und Formen.

Auch aus medizinischer Sicht ist die Pflanze bis heute bedeutsam. Das Verbenalin wirkt harn- und schweißtreibend sowie blutstillend.

„Träne der Iris" nannten die Griechen das Eisenkraut und weihten es der Göttin der Morgenröte, Eos Erigineia. Der Dichter Plinius berichtet von Eisenkrautsträußen auf den Altären und bezeichnet das Eisenkraut als die berühmteste Pflanze der römischen Flora.

Im Mittelalter stand sie im Ruf, die Kraft zu Beschwörung und Zauber zu besitzen: „Eisenkraut und Dill bricht böser Hexen Drill."

Großmutters Nadelkissen

Skabiose
Scabiosa atropurpurea

Auch: Witwenblume, Grindkraut (lat. scabies = Krätze), Großmutters Nadelkissen u. a.

1588 in England als Gartenblume kultiviert, kommt sie um 1600 nach Mitteleuropa und ist 1607 im „Braunschweigischen Garten" angeführt.

Um 1800 war sie weit verbreitet. Heute ist die Skabiose als Zierpflanze seltener in Deutschland anzutreffen.

... Matildes Nadelkissen war mit Fleiß und Eifer der Natur nachempfunden. Zarte Stoffstückchen zauberten ein schönes Farbspiel auf den polstrigen Untergrund, gelb und rosa, scharlachrot bis leuchtend purpur, darauf erhoben sich die Köpfchen der Stecknadeln, ließen das Ganze erblühen.

Solange Paul lebte, war es „ihre“ Skabiose. Nach seinem Tod nannte sie es „Witwenblume“.
(Emilie Ludwig)

Stummes Schöngesicht

Schöngesicht
Coreopsis tinctoria

Auch: Mädchenauge, Schönblick

Aus den südlichen Prärien Nordamerikas und aus Afrika stammend, ist sie sehr variantenreich, etwa 120 Arten sind bekannt. Die Coreopsis tinctoria wurde 1819 am Red River gefunden und kam 1821 nach Berlin.

Die stumme Schöne

Als ich die junge Clitia,
Schön wie ein Frühlingsmorgen, sah,
Rief ich: Welch reizendes Gesicht!
Oh schade, dass sie doch nicht spricht.

Sie sprach, und nun war ich ganz Ohr;
Kaum stammelt‘ sie zwey Worte vor,
So rief ich: Welch ein Schöngesicht!
Nur ewig schade, dass sie spricht!
(Felix Christian Weiße)

Vom Kornfeld in den Garten

Kornblume
Centaurea cyanus

Auch: Roggenblume, Flockenblume, Ziegenbein

Es wird angenommen, dass die Kreuzritter sie zusammen mit dem eingeführten Saatgut nach Mitteleuropa und England brachten.

Aber schon das Grab des Ägypters Tutanchamun (1336 v. Chr.) schmückten Kränze aus Kornblumen. Im späten Mittelalter ist sie als Zierpflanze gern gesehen und erreicht bis zum 17. Jahrhundert weite Verbreitung.

Die Kornblume gilt heute als Bioindikator: Bei Überdüngung des Bodens wächst sie nicht.

Eine Sage berichtet vom heilkundigen Kentauren Chiron, den eine Schwalbe, in das giftige Blut der Hydra getaucht, verletzte. Die vergiftete Wunde bedeckte der Kentaur mit Kornblumen, worauf er gesundete.

Zum Mythos wurde das unscheinbare Ackerkraut durch Kaiser Wilhelm I. Nach dem Tod seiner Mutter Königin Luise im Jahre 1810 widmete er ihr die „preußisch blaue Blume" im Gedenken an seine Kindheit.

Farbsiegel des Sommerglücks

Phlox

Phlox paniculata

Auch: Flammenblume

Aus den wärmeren Wäldern des östlichen Nordamerikas kommend, ist die Pflanze schon um 1700 bekannt und erobert zu Beginn des 18. Jahrhunderts in etwa 18 Arten als Zierpflanze Europa. Heute kennt man durch Züchtungen weit über 1000 Sorten.

Brennende Liebe

Lychnis chalcedonica

Auch: Malteserkreuz, Jesusblume, Calcedonisches Licht, Tatarenseife

Als Wildpflanze aus Russland stammend, ist sie schon seit der Antike bekannt.

1532 wird sie in Deutschland noch als Kranzblume geführt und dann vergessen. Später kommt sie aus den türkischen Gärten als „Scharlach-Nelke" nach Mitteleuropa zurück. Die Tataren benutzten die Blütenstände als Seife oder als Kranzschmuck.

Ein Garten ohne Phlox ist nicht nur ein bloßer Irrtum, sondern eine Versündigung gegen den Sommer. (Karl Foerster)

Blühende Steinbrecher

Purpurglöckchen
Heuchera sanguinea

Auch: Bronzeglöckchen, Leuchtkäfer

Eine Pflanze aus der Steinbrechfamilie, die sich von Nordamerika bis nach Mexiko verbreitete. Mitte des 17. Jahrhunderts kommt sie nach England und 1663 nach Berlin. 1882 wird sie im Berliner Botanischen Garten unter dem Namen „Blutrotes Purpurglöckchen“ verzeichnet. Zur Zeit gibt es weit über 50 Sorten.

Schaff mich nicht ab, wenn auch den Durst
Gelöscht der holde Trunk;
Behalt mich noch ein Vierteljahr,
Dann hab auch ich genug.

Kannst du nicht mehr Geliebte sein,
Sei Freundin mir sodann;
Hat man die Liebe durchgeliebt,
Fängt man die Freundschaft an.
(Heinrich Heine)

Gelbveiglein im Minnesang

Goldlack
Cheiranthus cheiri

Auch: Burgenpflanze, Gelbveigel, Gelbveilchen, Wallflower (engl.)

Weil der Goldlack so gut wie ein Veilchen duftet, wurde er lange als solches bezeichnet. A. Magnus (1200-1280) beschreibt ein „safrangelbes Veilchen“ in seinem Garten. Die Minnesänger besangen ihn als Gelbveiglein. Mitte des 16. Jahrhunderts kommt der Goldlack aus dem östlichen Mittelmeerraum und Asien als Zierpflanze nach Deutschland. 10 Arten sind bekannt. Der duftende Frühlingsbote entstammt der Mauerpflanzengesellschaft, liebt es warm und ist eine typische Burgenpflanze.

Duftender Allerweltsliebling

Reseda
Reseda odorata

Auch: Resede, Färberwau, Rapunzelwau (österr.)

Namenswurzel: lat.: resedare = stillen, lindern. Das meint, die Pflanze wurde als Heilmittel oder zu Krankheitsbeschwörungen eingesetzt. 1733 in der lybischen Landschaft Cyrenaika entdeckt, kennt man in Europa etwa 20 von insgesamt 55 Arten dieser Gattung. Seit dem 18. Jahrhundert in Deutschland bekannt. Man nimmt an, dass der Färber- oder Gelberwau schon von den Römern zum Einfärben gelber Stoffe genutzt wurde.

Ihr angenehmer Duft und das zarte Grün haben der Reseda einen festen Platz in der Modewelt gesichert.

„... Wenn ich unten runtersehe, sehe ich grade auf Mutters Blumenbrett: ein Topf Goldlack, zwei Töpfe Levkoyen, eine Geranie und mittendrin, zierlich in einem Zigarrenkistchen ein Hümpelchen Reseda. Wie das riecht. Bis zu mir rauf! ...“ (Arno Holz/Phantasus)

Es ist etwas Widersprechendes von Reiz und Ruhe …

Rittersporn
Delphinium grandiflora

Auch: Hornkümmel, Lerchenklau, Adlerblume u. a.

Den deutschen Namen prägte der lange Blütensporn der Pflanze.

Seit dem 16. Jahrhundert kennt man die Pflanze wildwachsend. Den Großblütigen Rittersporn (D. grandiflora), aus Sibirien kommend, erst ab Mitte des 18. Jahrhunderts. 1743 ist er erstmals im Botanischen Garten Göttingens zu bewundern. Die Pflanze ist giftig, denn ihre Samen enthalten Alkaloide. Der Artenreichtum ist groß. Die internationale Checkliste weist bis heute mehr als 4000 Arten aus.

Goethe gefiel die Imposanz der Farbe: „Wenn wir einen angenehmen Gegenstand, der uns flieht, gern verfolgen, so sehen wir das Blau gerne an, nicht weil es auf uns dringt, sondern weil es uns nach sich zieht …“

Stiefmutter auf zwei Stühlen

Gartenstiefmütterchen
Viola Wittrockiana

Auch: Denkanblümlen, Dreifaltigkeitsblume, Liebesgesicht, Kiss me (engl.)

Seit dem 15. Jahrhundert ist das Stiefmütterchen in seiner Urform, dem wilden Stiefmütterchen, bekannt. 1543 schreibt Leonhart Fuchs in seinem Kräuterbuch über das „Freisamkraut", das in Gärten aufgezogen, größer und farbkräftiger gerät. Die Pflanze wurde als Heilmittel gegen Krämpfe und Hautausschläge bei Kindern eingesetzt. Gegen Ende des 16. Jahrhunderts gehörte das „Stiefmuttergen" in Mitteleuropa zu den häufigsten Gartenblumen.

In England setzte gegen 1810 die Züchtung des heutigen Gartenstiefmütterchens ein und wurde 20 Jahre später auf dem europäischen Festland eingeführt. Auch in Deutschland, in Oschersleben, Erfurt und der Gegend um Pirna, entstanden zwischen 1850 bis 1889 Züchtungen („Stiefmütterchen-Vater" Robert Hesse in Quedlinburg) mit riesenblütigen, auch winterharten Sorten. Gegen Ende des 20. Jahrhunderts gab es weltweit etwa 500 Sorten.

Steht Gretl am Busch, wartet Hansl am Weg

Jungfer im Grünen
Nigella damascena

Auch: Gretl im Busch, Venushaar, Frau im Nebel (engl.) u. a.

Aus dem Mittelmeerraum kommend, findet sich die erste Abbildung der Pflanze um 1400 in einer italienischen Handschrift und wird in Deutschland erstmalig von Hieronymus Bock um 1539 erwähnt.

Um 1900 aus der Mode gekommen, wird sie ein „Gartenflüchtling“ und existiert weiter in verwilderter Form. Heute wieder in verschiedenen Sorten im Angebot.

Ringelblume
Calendula officinalis

Auch: Garten-Ringelblume, Goldblume, Arme-Leute-Safran

Ihre Herkunft ist unbekannt, dafür ist sie weit verbreitet und von alters her kultiviert. In Deutschland ist sie durch Hildegard v. Bingen seit dem 12. Jahrhundert belegt (Ringula oder auch Ringella). In der Pharmazie wird ihre entzündungshemmende Wirkung geschätzt, Lebensmitteln wie Käse oder Butter gab sie über Jahrhunderte hinweg die satte gelbe Färbung.

Sie/er liebt mich oder liebt mich nicht? Ringelblumen geben nicht nur Liebesauskünfte, sondern sind auch als „Blumige Wetterfrösche" zu gebrauchen: Geschlossener Blütenstand bis 7 Uhr früh kündigt Regen an – ein offener garantiert gutes Wetter.

Helden der Ausdauer

Steinbrech
Saxifraga caespitosa rosea

Der Steinbrech gehört zu der großen Familie der Steinbrechgewächse, davon gibt es ca. 500 Arten. Der deutsche Name leitet sich von der lateinischen Bezeichnung ab: saxum = Stein; frangere = brechen. Die Eigenart der Pflanze, in Felsspalten zu wachsen, wurde fälschlicherweise als Felssprengung interpretiert. Im 17. Jahrhundert von England kommend, war der Steinbrech in Deutschland nur spärlich anzutreffen.

40 Arten sind in den Alpen zu finden, einen Höhenrekord bricht der zweiblütige Steinbrech. Ihn findet man in 4450 m Höhe am Dom in Wallis, dem höchsten Berg im Schweizer Mattertal.

Wir wissen nicht,
womit der Steinbrech Steine bricht.
Er übt die Kunst auf seine Weise
und ohne Lärm. Gott liebt das Leise.
(Heinrich Waggerl)

Farbige Grüße aus Eiszeit und Mittelalter

Tausendschönchen
Bellis perennis

Bereits im Mittelalter schmückte die Kulturform des Gänseblümchens, die Marienblume, die Gärten und erscheint (z. B. 1410) auf den Marienbildern. 1539 rühmt Hieronymus Bock in seinem „Kreutterbuch“ die Maßliebchen oder Zeitlosen: „Diser blümlein hat man nun auf vier oder fünferley farben inn den Wurtzgärten gefüllet und aufgebracht, damit die jungen Döchter ihr kurtzweil haben zu kräntzen.“ Seit Ende des 16. Jahrhunderts festigt sich der Name „Tausendschön“ und die Vielfalt ihrer Sorten.

Aurikel
Primula auricula

Auch: Flühblümchen, Alpenschlüsselblume, Mehlprimel, Bärenohr (franz. & ital.)

Größte alpine Primel, die 1583 erstmalig in der Nähe von Innsbruck entdeckt wurde. Ein Eiszeitrelikt, das sich in geschützten Lagen erhielt. In Deutschland breitete sich die Aurikel im 18. Jahrhundert gewaltig aus. Die herzogliche Gärtnerei des Großherzogs Karl August von Sachsen-Weimar-Eisenach offerierte 1807 in ihrem Pflanzenkatalog 400 Sorten. Hier schließt seit 1999 die „Stiftung Klassik“ in Weimar mit ihrer alljährlichen Aurikel- und Veilchenschau an.

ISBN 978-3-89798-275-8

© BuchVerlag für die Frau GmbH, Leipzig 2009
Blütenbilder: Christiane Schlüssel, Auerbach/Erzgebirge
Textauswahl: Katrin Pieper, Berlin
Reproduktion: Scan Color, Leipzig
Gestaltung: Uta Wolf, Leipzig
Herstellung: GCC Grafisches Centrum Cuno, Calbe

Printed in Germany
www.buchverlag-fuer-die-frau.de